リアルなのにかわいい！

樹脂粘土で作る
ミニチュアフードのアクセサリー

すまいる*工房 ぴん

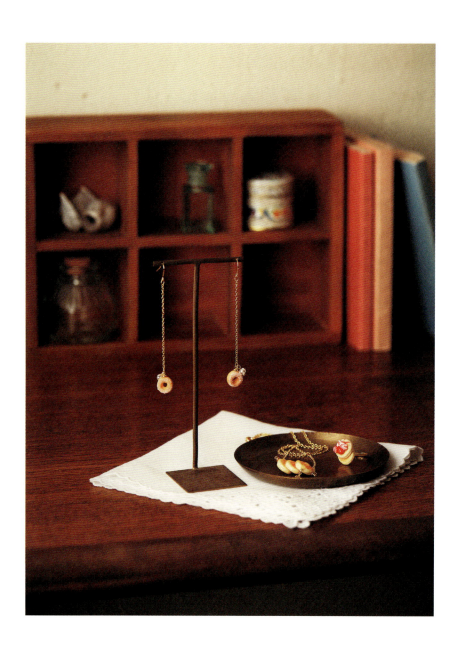

これ、ぜーんぶ実物大！

Introduction

「かわいい！」
「え〜！　こんなに小さいの！」
「すっごいリアル！」
ミニチュアフードを見たとたん、みなさんが笑顔になります。
そんな瞬間に立ち会えるのは、私にとって、とてもうれしいごほうびです。

ミニチュアフードは、ドールハウスの1/12のスケールが基本のサイズ。
どれも指の上にちょこんとのるほどの小ささなので、
「細かくて難しそう」というイメージがあるかもしれません。

でも、私のこだわりはサイズ感にとらわれず、自分のかわいいと思える大きさで作ること。
なんといっても、「楽しみながら作る」ことです。
慣れないうちは大きめでもOK。
作り方の基本は大きさが変わっても同じです。
単品パーツでアクセサリーにするなら、大きく作ったほうがいい場合もあるのです。
まずは、この本をお手本に自分の作れるサイズで作ってみて、
作る楽しさを感じていただけたらうれしいです。

リアルだけどかわいらしさのあるクスッと笑えるミニチュアフードアクセサリー
ご自分で作って楽しんでみませんか？

すまいる*工房 ぴん

ちっちゃくってかわいい

Contents

リアルかわいい！
すまいる*工房のアクセサリー

LUNCH
お弁当モチーフのアクセサリー

BENTO-Pierce（弁当ピアス）……6
Omusubi-Pierce（おむすびピアス）……7
BENTO-Brooch（弁当ブローチ）……8
Skillet-Brooch（スキレットブローチ）……9

BAKERY
いろんなパンのアクセサリー

Bread-Bag Charm（パンのバッグチャーム）……10
Open sandwich-Key Ring（のっけパンのキーホルダー）……11
Open sandwich-Charm（のっけパンのチャーム）……11
Bread Roll Sandwich-Pins（ロールパンサンドのピンバッジ）……12
Hamburger-Accessory（ハンバーガーのアクセサリー）……13

SUSHI
寿司ネタのアクセサリー

Kimono Accessories（かんざし、帯留め）……14
Sushi-Pierce & Sushi-Earring（寿司ピアス&イヤリング）……15
Sushi-Tie Pin & Sushi-Brooch（ネクタイピン&寿司ブローチ）……15

CAFE
おやつタイムのアクセサリー

Pancake-Accessories（パンケーキのアクセサリー）……16
Animal Ice-Accessories（どうぶつアイスのアクセサリー）……17
Ice-Accessories（アイスのアクセサリー）……17
Donut-Series（ドーナツシリーズ）……18
Fruit Pancake-Ring（パンケーキのフルーツ添えリング）……19
Dessert Bread-Pin Brooch（デザートパンのピンブローチ）……19
Smile Pancake-Pierce（すまいるパンケーキのピアス）……20

すまいる*工房の
ミニチュアフード LESSON

すまいる*工房のミニチュア作り①
材料と道具……22

すまいる*工房のミニチュア作り②
基本のテクニック……24

すまいる*工房のミニチュア作り③
知っておきたいテクニック……27

すまいる*工房のミニチュア作り④
アクセサリーの加工……28

パーツの詳しい作り方大公開

Food catalog file01
おむすび

基本のおむすび……33	豆……34
焼きおむすび……33	削りぶし……34
すまいるおむすび……33	たらこ……34
梅干し……33	鮭……35
海苔……34	どうぶつおむすび……35

Food catalog file02
おかず

シュウマイ……37	エビフライ……40
ポテトサラダ……37	小エビ……41
フライドポテト……37	焼き鮭……41
ソーセージ……38	目玉焼き……42
卵焼き……38	ゆで卵……42
ハム……39	ハンバーグパテ……43
生ハム……39	チーズ……43
ベーコン……39	スキレットの盛りつけ例……43
アジフライ……40	

Food catalog file03
やさい

レタス……45	ブロッコリー……47
玉ねぎスライス……45	レンコン……47
ミント……45	ニンジン……47
バジル……45	アボカド……48
スナックエンドウ……46	ピーマン（輪切り）……48
キュウリ……46	カボチャ……49
プチトマト……46	スライストマト……49

Food catalog file04
フルーツ

イチゴ……51	グレープフルーツ……53
イチジク……51	ピンクグレープフルーツ……53
キウイ……52	ミカン……53
バナナ……52	ブルーベリー……53

Food catalog file05
パン

バタートースト……55	クリームパン……57
ジャムトースト……55	チョココロネ……58
のっけパン……55	クルミパン……58
パン生地……56	メロンパン……58
バターロール……56	バンズ……59
すまいるパン……57	ハンバーガーのトッピング例……59
ぼうしパン……57	

Food catalog file06
スイーツ

ドーナツ……61	パンケーキ……63
アイスクリーム……61	パンケーキのトッピング例……63
どうぶつアイス……62	
ホイップクリーム……62	

Food catalog file07
寿司

シャリ（寿司飯）……65	イクラ軍艦巻き……67
わさび……65	エビ……68
マグロ……65	アナゴ……68
サーモン……66	ハラン（切り笹）……68
ホタテ……66	卵焼き……69
イカ……67	ガリ……69
タコ……67	ハラン……69

LUNCH 1

BENTO-Pierce
（弁当ピアス）

ランチタイムが楽しみな、お弁当のミニチュアフード。
おむすびや人気のおかずをピアスに仕立てました。
今日はどのおかずにしようかな。

How to make
おむすび ……… p.32〜
おかず ………… p.36〜
やさい ………… p.44〜

LUNCH 2

Omusubi-Pierce
(おむすびピアス)

ゆらゆら揺れるピアスは、メインのおむすびと
キャッチにつけたパーツに分かれます。
自由自在に組み合わせを楽しめます。

How to make

おむすび ……… p.32〜

おかず ………… p.36〜

やさい ………… p.44〜

LUNCH 3

BENTO-Brooch
（弁当ブローチ）

スカーフやストールをとめるのにぴったりのカブトピンのアクセサリー。
シックな装いにキュートな印象を加えるスパイスアイテムです。

How to make
おむすび	p.32〜
おかず	p.36〜
やさい	p.44〜

LUNCH 4

Skillet-Brooch
（スキレットブローチ）

直径 2cm ほどのスキレットにフードを盛りつけました。
おむすびを添えてお弁当風、目玉焼きをメインにモーニング風など
ミニチュアパーツの組み合わせを楽しんで。

How to make

おむすび	p.32〜
おかず	p.36〜
やさい	p.44〜

BAKERY 1

Bread-Bag Charm
(パンのバッグチャーム)

ちょっぴりノスタルジックな形の懐かしパン。
こんがりとつやつやしたパンは、まるで焼き立てのようです。
6種類のパンを使ってバッグチャームに仕立てました。

How to make
パン ………… p.54〜

Open sandwich-Key Ring
（のっけパンのキーホルダー）

食パンに好きな具材をのせるのが、
のっけパン。
ベーコンやサーモンなど
おかずのパーツと
やさいのパーツを組み合わせます。
好みのパーツを「のっけて」ください。

How to make
パン …… p.24, p.54〜

BAKERY 2

BAKERY 3

Open sandwich-Charm
（のっけパンのチャーム）

のっけパンにヒキワ金具をつけて、
どこでも取りつけられるチャームに仕立てました。
お財布やポーチなど、毎日使うアイテムにつければ
目にするたびに気分が上がります。

How to make
パン ………… p.54〜

BAKERY 4

Bread Roll Sandwich-Pins
（ロールパンサンドのピンバッジ）

好きなお惣菜をパクッとくわえた、食いしん坊のロールパン。
キャラ弁でも人気のロールパンサンドは
一度見たら忘れられないかわいさです！

How to make
バターロール … p.56 〜

BAKERY 5

Hamburger-Accessory
（ハンバーガーのアクセサリー）

すまいる*工房の人気アイテム「ハンバーガーリースブローチ」をはじめ、
ハンバーガーのパーツでいろいろなアクセサリーを作ってみました。
ジャラづけにしたり、具だくさんのビッグバーガーにしたり。
お気に入りはありますか？

How to make

バンズ ………… p.59

おかず ………… p.36〜

やさい ………… p.44〜

SUSHI 1

Kimono Accessories
（かんざし、帯留め）

和装用のアクセサリーを寿司で作ってみました。
遊びゴコロ満点！な寿司アイテムは、楽しいパーティの装いにぴったり。
みんなの注目を浴びること間違いなしです。

How to make
寿司 ……………… p.64〜

Sushi-Pierce & Sushi-Earring
（寿司ピアス＆寿司イヤリング）

耳元で揺れる、にぎりのイヤーアクセサリー。
9種類のにぎりの作り方を紹介していますので、
お好みのネタで作りましょう。

SUSHI 2

How to make
寿司 ……… p.64〜

Sushi-Tie Pin & Sushi-Brooch
（ネクタイピン＆寿司ブローチ）

盛り板に並んだお寿司たち。
すまいる顔のネタも1つ加えて
楽しい盛りつけにしました。
ひのき棒で作った盛り板は
アクセサリー金具も隠してくれます。

How to make
寿司 ……… p.64〜

SUSHI 3

CAFE 1

Pancake-Accessories
（パンケーキのアクセサリー）

バターが溶けていく、ふんわり焼き立てのパンケーキ。
メイプルカラーでシンプルにまとめた
大人のためのセットアクセサリー。
どんなスタイルにもなじみやすいデザインです。

How to make
パンケーキ ……… p.63

Animal Ice-Accessories
（どうぶつアイスのアクセサリー）

ひんやりスイーツの代表、
アイスクリーム！
チョコレートで顔や耳を作って、
かわいいどうぶつにアレンジしました。
ほかにもたくさん紹介しているので、
好きなテイストで作ってください。

How to make
アイス……p.61〜

CAFE 2

CAFE 3

Ice-Accessories
（アイスのアクセサリー）

どうぶつアイスのブレスレットに
フルーツ添えアイスのピアス。
耳元、手元をクールにかわいらしく装って。

How to make
アイス……p.61〜

CAFE 4

Donut-Series
（ドーナツシリーズ）

シンプルなドーナツはトッピングも楽しい。
用途に合わせて、ドーナツのサイズを3通り紹介しています。
ピアスパーツには小さいミニチュアサイズがおすすめです。

How to make
ドーナツ ……… p.61

CAFE 5

Fruit Pancake-Ring
（パンケーキのフルーツ添えリング）

ホイップクリームとフルーツが
添えられたパンケーキは
人気のカフェメニュー。
リングは自分でいつでも眺められるから、
お気に入りのパーツで仕立てましょう。

How to make
パンケーキ ……… p.63

CAFE 6

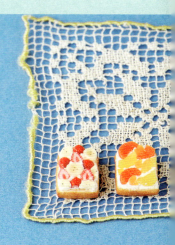

Dessert Bread-Pin Brooch
（デザートパンのピンブローチ）

のっけパンのアレンジでフルーツをあしらったデザートパン。
華やかなパーツなのでピンブローチに。

How to make
パン …… p.24, p.54〜

CAFE 7

Smile Pancake-Pierce
（すまいるパンケーキのピアス）

クリームとフルーツをポイントにあしらったパンケーキ。
にぎやかなおしゃべりが聞こえてきそうな
かわいいピアスになりました。

How to make
パンケーキ ………… p.63

すまいる*工房のミニチュアフード
LESSON

ミニチュアフードの作り方と
アクセサリーへの仕立て方を紹介します。
主な材料と道具は22〜23ページで、
基本のテクニックは24〜31ページで確認してください。
それぞれのパーツの作り方は
Food catalog file01〜07で紹介していますので、
気に入ったパーツから作ってみましょう。

Food catalog

file01	おむすび	p.32〜
file02	おかず	p.36〜
file03	やさい	p.44〜
file04	フルーツ	p.50〜
file05	パン	p.54〜
file06	スイーツ	p.60〜
file07	寿司	p.64〜

- 6〜20ページで紹介しているアクセサリーの材料は掲載していません。
  アクセサリー金具やビーズ類はお好みのものを使用してください。
- 材料にPAとあるものはアクリル絵の具プロスアクリックスの略です。
  他のアクリル絵の具で代用も可能です。
- UV-LEDレジンは化学製品のため、使用する場合は商品の取扱説明書に従い、
  取り扱いには注意して使用してください。

> すまいる*工房の
> ミニチュア作り
> 1

材料と道具

主な材料と道具を紹介します。道具は身の回りにあるものでOKです。足りないものは100円ショップなどでそろえ、専門の道具は必要になったら購入するようにしましょう。

基本の材料
パーツを作るベースとなる粘土とアクリル絵の具を用意します。

モデナ
きめが細かく透明感のある樹脂粘土。乾燥後は強度が出る。[パジコ]

モデナソフト
モデナに比べて軽くマットな質感の樹脂粘土。[パジコ]

モデナカラー
発色が美しい全8色のカラー粘土。モデナに混ぜて使うことが多い。[パジコ]

モデナペースト
ペースト状の粘土。絵の具を混ぜて使うことが多い。[パジコ]

透明粘土すけるくん
乾くと透明感の出る粘土。フルーツや刺身を作るときに向く。[アイボン産業]

アクリル絵の具
粘土に混ぜて色をつけたり、筆やスポンジで焼き色や模様をつけたりするのに使う。本書ではプロスアクリックス（PAの略で表記）を使用。PA [パジコ]

型の材料
型を作るときに必要な材料は次の4つです。

パテ
型どりの原型用の粘土状のパテ。本書ではエポキシ造形パテ・速硬化タイプを使用。[タミヤ]

塩ビ板
パテを成形するとき、塩ビ板の上で作業する。隙間がないか確認できるよう透明のものを使用。

モールドオイル
離型用のオイル。パテを成形するときにヘラやナイフにつけると作業しやすい。[パジコ]

シリコーンモールドメーカー
型を作る型どり材。仕上がりは弾力があり、型抜きがしやすい。[パジコ]

接着、仕上げの材料
パーツ同士を接着したり、ツヤ出しや強度アップに使う材料です。

木工用ボンド
パーツ同士を貼りつけるときに使う。乾くと透明になる。絵の具を混ぜてソースに使うこともある。

多用途接着剤
木工用ボンドでは接着しづらい素材の接着に使う。アクセサリー金具とパーツの接着にも使う。

マニキュア
ツヤ出しに使う。筆がついているので使いやすい。

ニス
質感を強調しながら強度や耐水性を高めたいときに使う。ツヤ出し用のグロス、ツヤ消し用のマットの2種を使い分ける。

> *memo*
> パーツの作り方（p.32〜）では、ツヤ出ししたほうが仕上がりがいいパーツにマニキュアなどを塗るよう紹介しています。ただし、アクセサリーに仕立てる場合は、どのパーツにも強度や防水性を高めるためにニスを塗りましょう。

作品によって使う材料
パーツによっては基本の材料以外のものを利用して仕上げます。

UV-LEDレジン星の雫
1液性のレジン。UV-LEDライトがあるとすぐ硬化するので便利。[パジコ]

デコソースR、デコクリームソース
ペンタイプのデコ用ソース。ジャムやソースなどの表現に使う。[パジコ]

ペップ
フラワークラフト用の粒状のペップ。白いものをお米に見立てて使う。

模型用砂
クランチやナッツに見立てて使う。

おがくず
削り節に見立てて使う。

レジン用着色料 宝石の雫
レジン用の着色料。アクリル絵の具などでは硬化不良を起こすことがあるので専用の着色料を使う。[パジコ]

ガラスビーズ
極小の細かなビーズ。サイズがいくつかあり、ざらめやシュガー、イクラなどに見立てて使う。

基本の道具

本書は粘土同士を混ぜる際、カラースケールで配分を示しています。

作業台
牛乳パックをカットしたもの。パックの裏面を粘土の成形や着色パレットとして使う。

カラースケール
粘土の計量に使う。本書ではカラー粘土を使って着色する場合などに使用。[パジコ]

ハサミ
粘土がくっつきにくい粘土用ステンレスハサミがあると便利。

カッターの刃
粘土やパテの細かなカットに使う。デザインナイフでもよい。

ウェットティッシュ
粘土を扱う前には必ず手を拭いて汚れを取る。作業中にあると便利。

ピンセット
細かいパーツをつかむのにあると便利。

粘土やパテの成形に使う道具

本書で主に使った道具を紹介します。必要に応じて用意しましょう。

のばす

アートプレッサー
粘土を棒状にのばしたり、薄くつぶしたりするのに使う。定規などで代用可。[パジコ]

ミニのし棒
粘土をのばすときに使う粘土用のし棒。粘土がくっつきにくい。[パジコ]

プレッソシート
粘土を挟んで薄くのばすシート。ごく薄くのばしても粘土離れがいい。[パジコ]

模様や質感をつける

楊枝
粘土にスジを入れたり、ひだを寄せたりするときに使う。

調色スティック
レジン用の道具だが、粘土やパテがくっつきづらいので細かな成形がしやすい。とくにニードル（細針タイプ）を使う。[パジコ]

ドットペン
ネイル用の道具。くぼみを作りたいときに使う。100円ショップなどで購入可。

0.5mm針
細かな模様をつけるときに使う。シャープペンの芯代わりに0.5mm針を入れて使うと作業しやすい。

デザインカッター
細かなカットだけでなく、線を入れたりするのにも便利。

粘土ベラ
スジや模様を入れるときに使う。粘土用のヘラは太めなので細かな作業用には不向き。

歯ブラシ
押し当てたり、軽く叩いたりして質感をつける。凸凹がつきやすい硬めの毛先を選ぶ。

着色に使う道具

絵の具やニスを塗るときに使います。

細筆
面相筆など毛先の細いものを使用する。

化粧用スポンジ
アクリル絵の具の着彩に使う。叩くようにしてつけると自然な濃淡ができる。小さくカットして使う。

綿棒
つけすぎた絵の具をオフするときなどに濡らして使用する。

> **memo**
> **すまいる*工房の道具**
> 私の制作現場では、細めの細工棒や丸め棒と呼ばれる球体がついた道具など、専用の道具を使うこともあります。ただ、本書ではほとんどの作品を上記の道具で作っています。まずは身の回りにあるものや代用できるものを使ってみましょう。

23

すまいる*工房のミニチュア作り 2

基本のテクニック

食パンを作りながら、「型の作り方」や「粘土の扱い方」など基本のテクニックを紹介します。ここで道具の使い方も確認しておきましょう。

食パン

材料
型——パテ、シリコーンモールドメーカー、塩ビ板
パン——モデナG、モデナソフトG
焼き色——PA（イエローオーカー、チョコレート、バーントアンバー）

※粘土に記載しているGなどの英文字はカラースケールのサイズです。

型を作る

パテで原型を作り、型どり用のシリコーンで型をとります。成形用の道具を使い分けながらリアルに近づけましょう。

1 パテで原型を作る。主剤と硬化剤を同量ずつとる。

2 主剤と硬化剤を混ぜ合わせる。

3 しっかり混ぜたら、透明の塩ビ板の上に置く。丸めてから少し平たくし、作りたい食パンの厚みにする。

4 成形用の道具にモールドオイルをつける。パテにくっつきにくくなり、作業しやすい。

5 デザインカッター（カッターの刃でも代用可）で食パンの形にカットする。

6 調色スティックのニードル（楊枝や細工棒などでも代用可）でつつき、気泡を作る。

リアルに近づけるヒント！

気泡の大きさを変えたり、道具を変えて質感をつける。

調色スティック　歯ブラシ　調色スティック　粘土用ヘラ

食パンのフォルムを側面や表面も忘れずに整える。

7

原型のできあがり。完全に硬化するまで半日程度置く。

8

シリコーンモールドメーカーを用意する。

9

付属の計量スプーンでA材とB材を同量ずつ取る。

10

A材とB材を混ぜ合わせる。

11

しっかり混ぜたら、塩ビ板にのせた原型の周りを覆うようにかぶせる。

12

塩ビ板の裏から、隙間がないかどうかチェックする。

13

そのまま約30分置き、硬化させる。

14

硬化したら、原型を外す。型のできあがり。

食パンを作る

樹脂粘土で食材パーツを作ります。ベースの粘土にカラー粘土や絵の具を混ぜて成形し、乾燥後に焼き色や模様をつけるのが基本です。

15
食パンの粘土を用意する。材料で示したカラースケールに粘土を詰め、付属のヘラですり切る。

▶取り出し方

カラースケールに付属のヘラ（スティック側）を粘土に刺して取り出す。

16

モデナG　モデナソフトG

材料で示したカラースケールの配合で粘土を用意したところ。

17

粘土を混ぜ、丸める。

▶カラー粘土を混ぜる場合

粘土をムラなく混ぜ、丸める。樹脂粘土は乾くと少し縮み、色も濃くなるため、仕上がりのイメージより少し薄めにする。

18

14の型に粘土を詰め、余分を取り除く。

19

乾かす。
※粘土がやわらかいうちに取り出して、さらに成形する場合もあります。

20

粘土が乾いたら、型から外す。

Point!

型から粘土がはみ出たところ（バリ）はカッターなどで削る。

こだわりテク

両面に質感をつけたい場合は、裏面用の型もとっておきましょう。アクセサリーに仕立てて裏面が見える場合に使っています。

1

型どりを2回行い、パーツ用（左）と裏面の質感出し用（右）を用意する。

2

粘土を型に詰めたら、質感出し用の型を当てる。

3

粘土がはみ出したら固まる前に取り除いておく。

焼き色をつける

パーツが乾いたら絵の具で焼き色をつけます。イエローオーカーからこげ茶まで数種類の絵の具を混ぜて、好みの色を作ります。

21

焼き色の絵の具3色を作業台の上に出す。本書では基本の焼き色としてPA（イエローオーカー、チョコレート、バーントアンバー）の3色を使用。

22

好みの焼き色を作り、スポンジで軽く叩くようにしてつける。

Point!

色がべったりとつかないよう、スポンジをティッシュオフして余分な絵の具をとるのがコツ。

焼き色のヒント！

イエローオーカーを多めに混ぜたもの。焼き色を全体に軽くつけるときに。

少し濃くして焦げ感を出したもの。

23

パンの耳に濃いめの焼き色をつける。薄い焼き色をつけてから濃いめの焼き色と2段階に分けてつけるのがおすすめ。

Point!

NG! / OK

絵の具をつけすぎたり、水気が多すぎるのはNG。スポンジのティッシュオフをして余分な絵の具や水分を取り、薄く重ねづけするとよい（写真右）。
（写真左）絵の具をベタづけしてしまったもの。
（写真中央）水分が多すぎて絵の具がうまくのらなかったもの。

24

耳に焼き色をつけたところ。

25

トーストにする場合は、表面に好みの焼き色をつける。

粘土の扱いについて

粘土が乾いてしまったら
作業中に粘土の表面が乾燥したら、水を少量つけて練り直すとやわらかくなる。

粘土が余ったら
あとで使う粘土や余った粘土は乾燥しないようラップでしっかり包む。

すまいる*工房の
ミニュチュア作り
3

知っておきたい
テクニック

基本のテクニックで紹介したもの以外にも、知っておきたい技法があります。
参考にしてみましょう。

粘土をのばす①
細長く、棒状にのばす

▶アートプレッサーで

作業台に丸めた粘土を置き、アートプレッサーを前後に動かして粘土を細長くのばす。

▶手で

極細にのばしたい場合は、手のひらと指でのばす。

粘土をのばす②
平らにのばす

▶プレッソシートで

丸めた粘土をプレッソシートで挟み、手で押しつぶしてのばす。極薄くのばしたい場合におすすめ。

▶ミニのし棒で

作業台の上でミニのし棒を前後に動かして平らにのばす。

▶アートプレッサーで

作業台の上でアートプレッサーを押し当て、平らにのばす。

着色する①
筆を使う着色

▶ワイヤーや楊枝

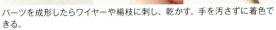

パーツを成形したらワイヤーや楊枝に刺し、乾かす。手を汚さずに着色できる。

▶両面テープ

パーツを両面テープで固定し、筆で模様を描いたり、色をつけたりする。

着色する②
粘土に絵の具を混ぜる

1

丸めた粘土を平らにし、絵の具を中央につける。

2

絵の具を粘土で包むようにする。

3

なるべく絵の具が手につかないように混ぜる。
※ある程度は手が汚れます。

すまいる*工房の ミニチュア作り 4	# アクセサリーの加工

ミニチュアフードを作ったら、アクセサリーに仕立てて楽しみましょう。
主な金具と使い方を紹介しますので、自由にアレンジしてください。

サイズについて

パーツの作り方（p.32～）では1/12のミニチュアサイズをベースに紹介しています。
アクセサリーによってはサイズを大きく作ったほうがいい場合もあります。

【フリーハンドで作るもの】

作り方は同じなので、自分の好きなサイズで作りましょう。パーツをビーズ感覚で使う場合はミニチュアサイズもかわいいですが、チャームやヘアピンなどの場合（写真中央・右）は大きめに作るほうが印象的です。

【型どりして作るもの】

作り方ページの写真で示している原型のサイズは、ミニチュアサイズです。ピアスやリングなど1～2個をモチーフに使う場合（写真右）は大きめに作るほうが見栄えがします。

接続金具の使い分け

パーツ同士をつなぐ金具には下記のような種類があり、用途に合わせて使い分けます。ピンは線径（太さ）0.5mmのものを使用します。

Tピン

単体のチャームにする場合、Tピンをパーツの底側から通して、上側に輪（カン）を作る。

9ピン

両側にパーツやチェーンなどをつなぐ場合は9ピンを使う。両側に輪（カン）ができる。

ヒートン

埋め込みタイプのカン付き金具。カンもデザインとして使いたい場合に使う。

カン付き皿

ピンやヒートンを刺せない形状のパーツには、皿状の金属パーツに多用途接着剤で貼る。

丸カン

薄く平たいパーツには、穴をあけて丸カンを通す。

> **memo**
> **専用金具に貼る**
> カンを使ってつなぐ以外には、アクセサリー専用の金具に多用途接着剤で直接パーツを貼りつける方法もあります。
>
>
>
> 丸皿付きカブトピン。
> 丸皿にパーツを貼る。

工具と使い方
接続金具を取りつけたり、丸カンを開閉したりするのに使う工具です。

平ペンチ
先端が平たく細い。カンの開閉や金具を挟むときに使う。

丸ペンチ
先端が細く丸い。ピンを丸めるときに使う。

ニッパー
金具やチェーンを切るときに使う。

ピンバイス
ヒートンやピンを刺す穴をあけるのに使う。作品に合わせてドリルの太さを選ぶ。

▶Tピン、9ピン

1
ピンバイスでパーツに通し穴を作る。

2
Tピンをパーツの底から通す。

3
Tピンをパーツのキワで直角に曲げる。

4
曲げたところから7mmのところをニッパーでカットする。

5
丸ペンチでピンの先を挟む。

6
手首を返すようにして丸ペンチを回し、ピンを輪にする。
※9ピンも同様の作業で取りつける。

仕立て方
パンケーキ（p.63）に通し穴を作り、9ピンを刺して輪を作る。ビーズにはTピンを通して輪を作る。ビーズパーツとパンケーキをCカンでつなぐ。フックピアスのカン（またはパンケーキの9ピンの輪）を開いてパンケーキをつなぐ。

▶ヒートン、丸カン

1
ピンバイスでヒートンのねじ部分が入る程度の穴をあける。

2
ヒートンに多用途接着剤をつけ、穴に入れる。

3
ヒートンをねじ込む。

4
平ペンチ2本、もしくは平ペンチと丸ペンチで丸カンを挟み、切れ目を前後にずらす。

5
ヒートンのカンを丸カンに通す。

6
丸カンを開いたときと同様に切れ目を閉じ、さらに平ペンチで挟んで隙間をなくす。
※Cカンも丸カンと同様に開閉する。

仕立て方
のっけパン（p.55）に通し穴を作り、接着剤をつけたヒートンを刺し込む。Cカンでヒキワにつなぐ。

仕立て方の例　パーツに接続金具をつけて、アクセサリー金具やチェーンなどにつなげればアクセサリーができます。ここでは主な加工法を紹介します。

【接続金具を使ってつなぐ】

【専用金具に貼って作る】

> **memo**
> **アクセサリーパーツにはニスを塗る**
> アクセサリー金具にパーツを複数貼って仕上げる作品は、最後にニスを塗ると効率よく作業できる。マットとツヤ2種類を使い分けながらブローチのパーツにニスを塗っているところ。裏面も忘れずに塗る。

パーツの両端にヒートンをつけ、中心でカットしたネックレスチェーンにCカンでそれぞれつなぐ。パーツのトップにはTピンを通して、ビーズパーツとつなぐ。

ネックレス

9ピンを通したパーツをCカンでつなぐ。左右のパーツの両端はCカンでチェーンにつなぐ。

ダルマカン
ヒキワ
Cカン
ネックレスチェーン
Cカン
ヒートン
Cカン
9ピン

ブレスレット

ピアス

丸皿付きのハットピンに多用途接着剤でパーツを貼る。丸皿裏のカンにビーズの飾り（Tピンをビーズに通してチェーンにつないだもの）をCカンでつなぐ。

ハットピン

パーツの裏側に丸皿付きのピアス金具を多用途接着剤で貼る。

Food catalog File01
おむすび

お弁当に欠かせないおむすびを好きな具材で作りましょう。
大人気のどうぶつおむすびは、ネコとクマをそれぞれ2種類ずつ紹介しています。
顔のパーツを参考にほかの動物にチャレンジするのも楽しいです。

基本のおむすび

材料
ごはん―モデナ、PA（ホワイト）、粒状ペップ（白）
海苔―p.34
具材―好きな具材（p.34～35）
その他―木工用ボンド

1 モデナにPA（ホワイト）を混ぜる。
Point! モデナは乾くと透明感が出るのでマットな白にすること。

2 カラースケールDのサイズに取り分ける。
Point! 同じサイズで複数作りたい場合、カラースケールで計量すると便利。

3 手のひらで丸める。

4 木工用ボンドを作業台などに出し、粘土を楊枝で転がすようにして塗る。

5 粒状ペップの中に入れ、全体にペップをまぶす。

6 手のひらで丸めてペップをなじませ、丸や三角などおむすびの形に整える。

▶ 具をつける

1 まだ粘土がやわらかいうちに、粘土に楊枝などでくぼみをつける。

2 好きな具を木工用ボンドでつける。

▶ 海苔をつける

1 おむすびのサイズに合わせて海苔をカットし、木工用ボンドで貼る。

2 できあがり。

焼きおむすび

材料
おむすび―基本のおむすび（上）
焼き色―水性ニス（けやき）

1 基本のおむすび（上）を作る。

2 水性ニス（けやき）を筆で塗る。

すまいるおむすび

材料
おむすび―基本のおむすび（上）
目―モデナカラー（ブラック）
頬―ガラスビーズ、宝石の雫（オレンジ）
口―海苔（p.34）
その他―木工用ボンド

1 顔のパーツを用意する。頬はガラスビーズに宝石の雫（オレンジ）を塗って乾かしたもの。

2 基本のおむすび（上）を作る。

3 粘土が乾燥する前にパーツを木工用ボンドで貼る。目や頬は埋め込むようにつける。

梅干し

材料
梅干し―モデナカラー（レッド）、PA（ブラック）

1 モデナカラー（レッド）にPA（ブラック）を混ぜ、梅干しの色を作る。

2 3～4mm大に丸める。

3 シワを粘土ベラなどでつける。乾かす。

おむすび

海苔

材料
海苔──和紙（黒）
着色料──PA（ブラック）
その他──マニキュア（透明）

1 和紙を使いやすいサイズにカットする。

2 和紙を黒く塗り、乾かす。

3 マニキュア（透明）を全体に塗り、ツヤを出す。

4 スポンジで軽く叩くようにして余分なマニキュアを取る。

5 乾いたら、適宜カットして使う。

豆

材料
豆──モデナD、モデナカラー（グリーンC、イエローD）

1 粘土をカラースケールの配合で用意する。

2 3色を混ぜ合わせ、黄緑にする。

3 1mm粒に丸める。

削りぶし

材料
削りぶし……木くず
着色料……水性ニス（けやき）

1 作業台に材料をのせる。

2 楊枝で混ぜ、木くずに色をつける。

3 乾かす。

たらこ

材料
たらこ──モデナG、モデナカラー（レッドA、イエローA）、PA（ホワイト）、ガラスビーズ

1 モデナにPA（ホワイト）を混ぜ、カラースケールの配合でモデナカラーを用意する。

2 混ぜ合わせて薄ピンクにする。

3 粘土にガラスビーズを混ぜる。

4 アートプレッサーなど平らなもので転がして太さ3〜4mmの棒状にし、乾いたらカッターで切る。

＼実物大！／

鮭

材料
型——型の材料 (p.22)
鮭(赤身)——モデナF、モデナカラー（レッドD、イエローE）、PA（ホワイト）
鮭(脂)——モデナペースト、PA（ホワイト）

1
基本のテクニック (p.24) を参考にパテで原型を作る。

2
原型をシリコーンモールドメーカーで型どりする。

3
モデナにPA（ホワイト）を混ぜ、カラースケールの配合でモデナカラーを用意する。

4
3色を混ぜ合わせてサーモンカラーにする。

5
型にモールドオイルを塗り、4を詰める。乾かす。

6
乾いたら、型から取り出す。

7
モデナペーストにPA（ホワイト）を混ぜ、型から取り出した鮭のくぼみに筆で塗る。

8
綿棒を濡らし、余分なモデナペーストを取る。

9
乾かす。おむすびの具にするときは好きな形にカットして使う。

どうぶつおむすび

白ネコ
基本のおむすび (p.33) で顔を作る。耳はカマボコに見立てた白の粘土で作る。目と頬、口はすまいるおむすび (p.33) と同様に作り、鼻は豆 (p.34)、ひげは海苔 (p.34) をカットしてつける。

ブチネコ
基本のおむすび (p.33) で顔を作る。耳はカマボコに見立てた白の粘土で作る。目と頬、口はすまいるおむすび (p.33) と同様に作り、鼻はしめじに見立てた茶色の粘土で作り、ひげは海苔 (p.34) をカットしてつける。ブチ部分に水性ニス（けやき）を塗る。

クマ
焼きおむすび (p.33) で顔と耳を作る。目と頬、口はすまいるおむすび (p.33) と同様に作る。マズルはハム (p.39) で、鼻はしめじに見立てた茶色の粘土で作る。

白クマ
基本のおむすび (p.33) で顔と耳を作る。目と頬、口はすまいるおむすび (p.33) と同様に作る。マズルはチーズ (p.43) で、鼻はしめじに見立てた茶色の粘土で作る。

\実物大！/   \実物大！/   \実物大！/   \実物大！/

おかず

お弁当に入っているとうれしい、人気のおかずを集めました。
BENTO-pierceはこのサイズのパーツにピアス金具を貼って仕上げています。
型を使わず、フリーハンドで作るものも多いので、好きなサイズで作ってみるのもおすすめです。

シュウマイ

材料
具──モデナG、モデナカラー（ブラウンB）、PA（ホワイト、チェリー、イエロー）
皮──モデナ、PA（ホワイト）
豆──p.34

1 具の粘土を混ぜる。モデナにPA（ホワイト）を混ぜ、カラースケールの配合で混ぜる。

2 粘土を丸めてから直径5mm程度の棒状にのばす。

3 4mmほどにカットし、上面を調色スティック（ニードル）などでつついて質感を出す。

4 皮の粘土を混ぜる。モデナにPA（ホワイト）を混ぜて丸め、プレッソシートに挟み、指で薄くのばす。

5 具をのせ、調色スティックなどで皮を具に押し当て、ヒダを寄せる。ヒダは木工用ボンドで具につける。

6 豆を木工用ボンドでつける。

ポテトサラダ

材料
ポテトサラダ──モデナ、モデナソフト、PA（イエローオーカー）
ハム──p.39
キュウリ──p46

1 モデナにモデナソフトを同量ずつ用意し、PA（イエローオーカー）を混ぜ、薄クリーム色にする。

2 ハムを適当な大きさに切り、キュウリをスライスする。

3 キュウリをウエットティッシュの上に置いてふやかす。ハムはどちらでもよい。

4 調色スティック（ニードル）などで引っかき、ボソボソとした質感を出す。

Point! 水をつけながら行うとよりリアルになる。

5 キュウリとハムをポテトサラダに埋め込む。*Point!* キュウリがしんなり折れた感じを出すとよい。

フライドポテト

材料
ポテト──モデナG、モデナソフトG、モデナカラー（イエローオーカーB）
皮の色──PA（イエローオーカー）
揚げ色──焼き色（p.26）
パセリ──模型用パウダー（緑）
ニス──ツヤなしニス

1 粘土をカラースケールの配合で用意し、混ぜる。

2 ジャガイモの形に丸め、調色スティック（ニードル）などで芽のへこみを作る。乾かす。

3 皮の色をスポンジにとり、ポンポンと叩くように色をつける。

4 6等分にカットする。

5 揚げ色をスポンジでつける。

6 ニスを塗り、乾く前にパセリ用のパウダーをまぶす。

おかず

ソーセージ

材料
- ソーセージ──モデナ G、モデナソフト F、モデナカラー（イエロー A、レッド B）
- 着色料（ソーセー人用）──PA（レッド、イエロー）
- 着色料（焼きソーセージ用）──PA（イエローオーカー）
- 目──モデナカラー（ブラック）

1 ソーセージの粘土をカラースケールの配合で用意し、混ぜる。

2 丸めたら、棒状にのばす。

▶ソーセー人

1 10〜12mmにカットし、両端をピンセットでつまんでひねる。

2 ソーセージにワイヤーを刺し、メラミンスポンジなどに立てて表面を乾かす。

3 着色料を混ぜてオレンジ寄りの赤にし、全体を筆で塗る。

4 目の粘土を丸め、つける位置を少しへこませ、木工用ボンドでつける。
Point! ソーセージ自体はやわらかく、絵の具が乾いた状態でつける。

5 半日乾かしたら、手と足をデザインナイフでカットし、少し開く。

6 完全に乾いたら、口をカットする。目の下あたりにデザインナイフで切り込みを入れ、斜めに切り取る。

▶焼きソーセージ

1 15mmくらいにカットし、両端をピンセットでつまんでひねる。

2 ソーセージに焼き色をつけ、好みで切り込みを入れる。

卵焼き

材料
- 型──型の材料（p.22）
- 黄身──モデナ G、モデナソフト G、モデナカラー（イエロー G、レッド A）
- 白身──モデナソフト

▶型を作る

1 基本のテクニック（p.24）を参考にパテで原型を作る。

2 原型をシリコーンモールドメーカーで型どりする。

3 黄身の粘土をカラースケールの配合で用紙し、混ぜる。

4 黄身と白身の粘土を用意したところ。白身は H ぐらいの量を目安にする。

5 白身を0.5mmの厚さに、黄身を1.5mmの厚さにのばす。

6 白身と黄身を重ね、3.5cm幅（写真では縦）にカットする。

7 白身を内側にして巻き、だ円の筒状に整える。

8 型の大きさに合わせてのばし、やわらかいうちにカットする。

9 型に詰め、軽く乾いたら取り出す。

▶ハート形の卵焼き

10 完全に乾いたら斜めにカットし、ハート形になるように木工用ボンドで貼る。

ハム、生ハム

材料
- ハムa──モデナG、モデナソフトF、モデナカラー（イエローA、レッドB）
- ハムb──モデナ、PA（ホワイト）
- 焼き色──PA（チョコレート）

▶ハム

1 ハムaとbの粘土を用意する。ハムaはカラースケールの配合で混ぜ、ハムbはPA（ホワイト）を混ぜる。

2 ハムaとbをマーブル状に混ぜる。

3 円筒状にのばし、乾かす。

4 PA（チョコレート）をスポンジなどで塗る。

5 乾いたら、スライスする。

▶生ハム

1 ハムaとbを軽く混ぜ、3mm大に丸める。

2 プレッソシートなどで粘土を挟み、薄くのばす。

3 調色スティックなどで粘土を起こし、好きな形に折りたたむ。

▶Variation 半円にして巻いたもの

2を半円に折り、端から巻く。

ベーコン

材料
- 型──型の材料（p.22）
- ベーコンa──モデナG、モデナソフトF、モデナカラー（イエローA、レッドB）
- ベーコンb──モデナ、PA（ホワイト）
- 焼き色──PA（チョコレート）
- ツヤ──マニキュア（透明）

▶型を作る

1 基本のテクニック（p.24）を参考にパテで原型を作る。

2 原型をシリコーンモールドメーカーで型どりする。

▶ベーコンを作る

3 ベーコンaとbの粘土を用意する。ベーコンaはカラースケールの配合で混ぜ、ベーコンbはPA（ホワイト）を混ぜる。

4 それぞれ混ぜて丸めたところ。

5 ベーコンaとbの粘土を細長くのばし、互い違いに並べる。

6 型にはまる大きさにカットし、型に詰める。裏面から丸め棒やドットペンなどで凸凹をつける。

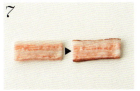

7 乾いたら取り出し、上下の端に焼き色をつける。

8 マニキュアを塗ってツヤを出す。

おかず

アジフライ

材料
アジ—モデナE、モデナソフトC
着色料（背）—アクリル絵の具（シルバー、チョコレート、黒）
着色料（腹）—アクリル絵の具（ゴールド、シルバー）
パン粉—模型用砂
揚げ色—焼き色（p.26）

1 アジの粘土をカラースケールの配合で用意し、混ぜる。

2 しずく形にし、作業台の上で指で押さえ、平らにする。

3 写真のようにデザインナイフでカットし、線を入れる。

4 アクリル絵の具を4色出し、背用と腹用に色を作る。

5 尾は少し黒を足して混ぜ、濃く塗るとよい。

6 木工用ボンドを尾以外に塗り、模型用砂をまぶす。

7 表裏に砂（パン粉の衣）をつけたところ。

8 揚げ色を作る。

9 衣にスポンジで色を塗る。

▶型を作る場合

パテを写真のように成形して型を作る。アジの粘土を型に詰め、4～8を参考に仕上げる。

エビフライ

材料
●エビフライ
エビ—モデナE、モデナソフトC
着色料—PA（レッド、オレンジ）
パン粉—模型用砂
揚げ色—焼き色（p.26）
●タルタルソース
ソース—モデナペースト、PA（ホワイト、イエロー、オレンジ）
キュウリ—p.46
ゆで卵（黄身）—p.42
ゆで卵（白身）—p.42

1 エビの粘土をカラースケールの配合で混ぜて丸め、エビの大まかな形を作る。

2 デザインナイフでエビの尾を作る。細工棒などで尾を押さえるようにしてのばし、カットするとよい。

3 ピンセットで尾の上のあたりをつまみ、立体感を出す。

4 エビの柄が入るところを調色スティック（ヘラ）などで斜めに筋をつける。

5 レッドとオレンジを混ぜて赤っぽいオレンジ色を作り、細筆で塗る。

6 アジフライ（上）と同様に、木工用ボンドを塗り、模型用砂（パン粉の衣）をまぶす。

7 アジフライ（上）と同様に、揚げ色を作り、衣にスポンジで色を塗る。

▶タルタルソース

1 キュウリ、ゆで卵の黄身、白身を細かく刻む。

2 モデナペーストに着色料をそれぞれ微量ずつ混ぜて薄クリーム色にし、1を適宜加えて混ぜる。

3 エビフライにまとめながらのせ、1をトッピングする。そのまま固める。

小エビ

材料
型──型の材料 (p.22)
小エビ──モデナE、モデナソフトC
着色料──PA（レッド、オレンジ）

▶型を作る

1 基本のテクニック (p.24) を参考にパテで原型を作る。丸めたパテを小エビの形にする。

2 デザインナイフで模様の筋を入れる。

3 原型をシリコーンモールドメーカーで型どりする。

▶小エビを作る

4 粘土をカラースケールの配合で混ぜて丸める。

5 型に詰め、乾いたら取り出す。

6 レッドとオレンジを混ぜて赤っぽいオレンジ色を作り、細筆で塗る。

焼き鮭

材料
型──型の材料 (p.22)
鮭──モデナF、モデナカラー（イエローE、レッドD）、PA（ホワイト）
血合い──モデナD、モデナカラー（チョコレートA）、PA（ホワイト）
皮──モデナカラー（ブラック）
脂──モデナペースト、PA（ホワイト）
着色料（皮）──アクリル絵の具（シルバー）
焼き色──p.26

▶型を作る

1 基本のテクニックを参考にパテで原型を作る。

Point! 表面だけでなく、側面にも模様をつけるとリアル感アップ。

2 原型をシリコーンモールドメーカーで型どりする。

▶焼き鮭を作る

3 鮭の粘土を用意する。モデナにPA（ホワイト）を混ぜ、カラースケールの配合で混ぜる。

4 血合いの粘土を用意する。モデナにPA（ホワイト）を混ぜ、カラースケールの配合で混ぜる。

5 鮭と血合いの粘土をそれぞれ丸めておく。

6 鮭の粘土を型に詰め、取り出す。血合いの粘土を血合い付近に詰め、取り出す。

7 血合いの部分をそれぞれカットする。

8 カットした鮭と血合いを合体させ、型に詰め直す。

9 乾いたら取り出す。切り身のへこみに脂の粘土を筆で塗り、余分を濡らした綿棒で拭き取る。

10 皮の粘土を薄くのばし、デザインナイフの持ち手の部分を使って皮の質感を出す。

11 10の皮を適当なサイズにカットし、木工用ボンドで切り身に貼る。

12 皮の色をスポンジに取り、軽く叩くようにして色をつける。

13 好みで焼き色をつける。

おかず

目玉焼き

材料
白身—モデナE、モデナソフトC
黄身—モデナF、モデナカラー（イエローF、レッドA）
ツヤ—UV-LEDレジン星の雫
焦げ色—焼き色（p.26）
コショウ—模型用砂
※UV-LEDレジンを使用するので、UV-LEDライトがあると便利。

1 白身と黄身の粘土をそれぞれカラースケールの配合で混ぜる。

2 白身の粘土を指先で軽く押さえ、平らにのばす。真ん中を丸め棒などでへこませる。

3 白身の縁を0.5mm針などで1周つついて、質感を出す。

4 黄身の粘土を丸め、へこみに入れて指で軽く押さえる。

5 縁に焦げ色を筆でつける

6 星の雫を筆などで表面に塗る。

7 コショウをつける場合は、ここでのせる。

8 UV-LEDライトを照射し、レジンを固める。

9 できあがり。

▶ *Variation* 膜の張った目玉焼き

星の雫に宝石の雫（ホワイト）を混ぜて黄身に塗り、半透明にする。

▶ *Variation* 顔つきの目玉焼き

1 目と口をプリントした転写シールを用意する。

2 転写シールのフィルムを外して黄身にのせ、濡らした綿棒で押さえる。

3 台紙をそっと外す。

4 できあがり。

ゆで卵

材料
白身—モデナE、モデナソフトC
黄身—モデナF、モデナカラー（イエローF、レッドA）

1 白身の粘土をカラースケールの配合で用意する。

2 黄身の粘土をカラースケールの配合で用意する。

3 白身と黄身の粘土をそれぞれ混ぜる。

4 黄身の粘土を直径5mm程度の筒状にのばす。

5 白身の粘土を厚さ1.5mm程度にのばし、黄身を包む。

6 乾いたら、好きな厚さにカットする。

▶ *Variation* 顔つきのゆで卵

顔つきの目玉焼き（上）を参考に、転写シールで顔をつける。

ハンバーグパテ

▶型を作る

材料
型——型の材料（p.22）
パテ——モデナG、モデナカラー（ブラウンC）、PA（ホワイト、チェリー、イエロー）
焼き色——PA（バーントアンバー、チョコレート、ブラック）

1 基本のテクニック（p.24）を参考にパテで原型を作る。

調色スティックや0.5mm針など太さの差があるものでつつく。

2 原型をシリコーンモールドメーカーで型どりする。

▶パテを作る

3 パテの粘土をカラースケールの配合で用意し、モデナにPA（3色）を混ぜ、さらにブラウンを混ぜる。

4 混ぜたところ。乾燥後は濃くなるのと、焼き色を絵の具でつけるのでこの程度の色に。

5 型に詰め、調色スティックなどでつつき、パテの質感を出す（こちらが裏面になる）。

6 乾いたら、型から取り出す。

7 焼き色のバーントアンバーとチョコレートを混ぜたもの、それにブラックを混ぜたものを2種類作り、薄い色からスポンジでつける。

8 濃いめの色は筆でところどころにつけ、焦げた感じを出す。

チーズ

▶プロセスチーズ

材料
プロセスチーズ——モデナG、モデナソフトE、モデナカラー（イエローB）、PA（レッド）
モッツァレラチーズ——モデナソフト

1 粘土をカラースケールの配合で用意し、モデナにPA（レッド）を微量混ぜ、他の粘土と混ぜる。

2 混ぜたところ。乾燥後は濃くなるのでこの程度の色に。

3 プレッソシートに挟んで厚さ2mm程度にのばし、粘土がやわらかいうちに正方形（1cm角）にカットする。

▶モッツァレラチーズ

1 モデナソフトを適量取って丸め、棒状にのばす。断面が8mm程度のだ円にする。

2 表面が少し乾いたら、カッターの刃でカットする。断面がくずれないように注意。

スキレットの盛りつけ例

\実物大！/

レタス（p.45）に重ねるようにポテトサラダ（p.37）、ブロッコリー（p.47）、プチトマト（p.46）、ソーセージ人（p.38）、エビフライ（p.40）を盛りつけ、多用途接着剤で固定する。基本のおむすび（p.33）にすまいるおむすびを参考に顔をつけたものを手前に貼る。

\実物大！/

レタス（p.45）に重ねるようにフライドポテト（p.37）、カボチャ（p.49）、ブロッコリー（p.47）、ニンジン（p.47）、レンコン（p.47）を盛りつけ、目玉焼き（p.42）、ソーセージ人（p.38）、スノックエンドウ（p.46）を配置し、多用途接着剤で固定する。

Food catalog File03
やさい

ビタミンカラーのやさいがあると、目にするだけで元気が出てきます。
彩りとしても重宝するので、型どりして作るパーツは多めに作ってしまいましょう。

レタス

材料
レタス—モデナF、モデナカラー
（グリーンA、イエローC）
※道具にカプセルトイの容器を使用。

1
粘土をカラースケールの配合で用意し、混ぜる。

2
カラースケールCの量を取り、カプセルトイの容器に軽く貼りつけるように押さえる。

3
丸め棒やネイル用ドットペンで葉脈をつけるよう転がしながらのばす。

4
レタスの形になるように扇状に広げていく。

5
レタスの葉先を調色スティック（ニードル）などでヒラヒラさせる。

6
さらにレタスを浮かせて、ヒダを寄せる。

玉ねぎスライス

材料
玉ねぎ—モデナ

1
モデナを少し取り、軽く丸める。

2
丸め棒につけ、薄くのばす。

3
乾いたら丸め棒から外し、カットする。

ミント

材料
ミント—モデナE、モデナカラー
（グリーンC、イエローD）

1
粘土をカラースケールの配合で用意し、混ぜる。

2
混ぜたところ。

3
2mm大に丸め、ネイル用ドットペンなどで葉っぱの形にのばす。

4
デザインナイフで葉脈を入れる。

5
大小各2枚作る。

6
4枚の葉を木工用ボンドでつける。

バジル

材料
バジル—モデナカラー（グリーン）、
PA（ブラック）

1
モデナカラー（グリーン）にPA（ブラック）を微量混ぜる。

2
混ぜたところ。

3
ミント（上）と同様に葉っぱの形にのばし、デザインナイフで葉脈を入れる。

やさい

スナックエンドウ

材料
スナックエンドウ—モデナE、モデナカラー（グリーンC、イエローD）

1. 粘土をカラースケールの配合で用意し、混ぜる。

2. さやと豆を作る。さやは5mm程度の長さに細長く丸め、1〜2mm大に丸めた豆を5個作る。

3. ネイル用ドットペンでさやをのばし、木工用ボンドを塗って豆を並べる。

キュウリ

材料
キュウリ—モデナG、モデナカラー（グリーンA、イエローC）
着色料—PA（ミドルグリーン、ブラック）
ツヤ—マニキュア（透明）

1. 粘土をカラースケールの配合で用意し、混ぜる。

2. 混ぜたところ。

3. 直径3mmほどの棒状にのばし、乾かす。

4. ミドルグリーンにブラックを微量混ぜた深いグリーンを筆で塗り、乾かす。

5. マニキュアを塗ってツヤを出す。

6. カッターでスライスする。

プチトマト

材料
トマト—モデナカラー（イエローA、レッドE）
ヘタ—直径5mmくらいの★を印刷したもの
ヘタ着色料—PA（ミドルグリーン、ブラック）
ツヤ—マニキュア（透明）
その他—ワイヤー（アートフラワー用）

※単品アクセサリー用のサイズで紹介。ミニチュアサイズはトマトをカラースケールAで、ヘタを3mmくらいの大きさで作る。

1. 粘土をカラースケールの配合で用意し、混ぜる。

2. カラースケールDに取って丸め（直径5〜7mm大）、ワイヤーをつけてスポンジなどに刺し、乾かす。

3. マニキュアを塗る。

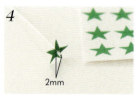

4. ★をカットし、中央に穴をあけてワイヤーを木工用ボンドでつける。ワイヤーは2mmほど出す。

5. ミドルグリーンにブラックを微量混ぜた深いグリーンをヘタとワイヤーに塗る。

6. 絵の具が乾いたら、マニキュアを塗る。

7. ヘタの先のワイヤーに木工用ボンドをつけ、トマトの穴に刺す。

8. 余分なワイヤーをカットし、切り口を5の色で深いグリーンに塗る。

9. ヘタの先をピンセットでつまみ、カーブをつける。

ブロッコリー

材料
型——型の材料（p.22）
ブロッコリー——モデナE、モデナカラー（グリーンC、イエローD）
着色料——PA（ミドルグリーン、ブラック）

▶型を作る

1 基本のテクニック（p.24）を参考にパテで原型を作る。丸めたパテをブロッコリーの形にカットする。

2 調色スティック（ニードル）などで花の部分をつついて丸く整え、花と軸の境い目もへこませる。

3 単品でアクセサリーにする場合は幅7〜8mm、ミニチュアサイズは幅5mmくらいで作るとよい。

4 原型をシリコーンモールドメーカーで型どりする。

▶ブロッコリーを作る

5 粘土をカラースケールの配合で混ぜる。

6 型に粘土を詰め、裏側を調色スティック（ニードル）などでつつき、形を整える。

7 乾いたら取り出す。水で少し溶いた着色料をスポンジに取り、軽く叩くように着色する。

レンコン

材料
型——型の材料（p.22）
レンコン——モデナE、モデナソフトC

▶型を作る

1 基本のテクニック（p.24）を参考にパテで原型を作る。レンコンの穴をあける。

Point! カットした切り口感を表現するため、表面が平らになるように粘土ベラなどで整える。

2 穴の形を整え、表面とサイドに角が出るようにする。

3 原型をシリコーンモールドメーカーで型どりする。

▶レンコンを作る

4 粘土をカラースケールの配合で混ぜて丸め、型に詰める。

5 乾いたら取り出す。

ニンジン

材料
型——型の材料（p.22）
ニンジン——モデナD、モデナカラー（レッドB、イエローD）

▶型を作る

1 基本のテクニック（p.24）を参考にパテで原型を作る。

2 原型をシリコーンモールドメーカーで型どりする。

▶ニンジンを作る

3 粘土をカラースケールの配合で用意し、混ぜる。

4 型に詰める。

5 乾いたら取り出す。

▶*Variation*

3の粘土にモデナカラー（イエロー）を足して薄くした粘土を中央に詰めたもの。

やさい

アボカド

材料
型―型の材料 (p.22)
アボカド―モデナ、モデナカラー（グリーン、イエロー）

▶型を作る

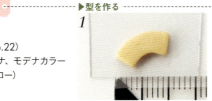
1 基本のテクニック (p.24) を参考にパテで原型を作る。

2 原型をシリコーンモールドメーカーで型どりする。

▶アボカドを作る

3 粘土をカラースケールの配合（モデナ E、グリーン C、イエロー D）で混ぜる。

4 3を3等分し、2つにグリーン D、イエロー D をそれぞれ混ぜる。

5 濃い黄緑～薄い黄緑までグラデーションで3色作る。

6 それぞれ細長くのばして順に重ね、型に入る程度にカットし、平らにする。

7 型に詰め、濡らした綿棒で色の継ぎめをなじませる。

8 乾いたら取り出す。

ピーマン（輪切り）

材料
型―シリコーンモールドメーカー
ピーマン―モデナ G、モデナカラー（グリーン A、イエロー C）
着色料―PA（ミドルグリーン、ブラック）
ツヤ―マニキュア（透明）

▶型を作る

1 シリコーンモールドメーカーを混ぜ、直径4mmぐらいにのばす。調色スティック（ニードル）で縦に溝を3本つける。

2 溝を3本つけたら、硬化させる。

▶ピーマンを作る

3 粘土をカラースケールの配合で用意し、混ぜる。

4 混ぜたところ。

5 粘土をカラースケール C に取り、型に巻きつける。型の溝に沿ってへこませる。

6 ミドルグリーンにブラックを微量混ぜた深いグリーンを塗る。

7 絵の具が乾いたら、マニキュアを塗る。

8 型から外し、輪切りにカットする。

カボチャ

材料
型──型の材料（p.22）
カボチャ──モデナE、モデナカラー
（レッドA、イエローE）
着色料──PA（ミドルグリーン、ブラック）

▶型を作る

1. 基本のテクニック（p.24）を参考にパテで原型を作る。
2. 原型をシリコーンモールドメーカーで型どりする。

▶カボチャを作る

3. 粘土をカラースケールの配合で混ぜる。
4. 型に詰め、乾いたら取り出す。
5. ミドルグリーンにブラックを微量混ぜた深いグリーンを皮の部分をに塗る。形違いも同様に作る。

スライストマト

材料
型──型の材料（p.22）
トマト──透明粘土すけるくん、PA（チェリーレッド）
種──モデナ、モデナカラー（イエローオーカー）
種の周り──UV-LEDレジン星の雫、PA（イエローグリーン、イエロー）
※UV-LEDレジンを使用するので、UV-LEDライトがあると便利。

▶型を作る

1. 基本のテクニック（p.24）を参考にパテで原型を作る。調色スティック（ニードル）で穴を6カ所あける。
2. 0.5mm針で穴を整える。
3. 穴の形を整え、表面とサイドに角が出るようにする。レンコン（p.47 Point!）参照。

4. 原型をシリコーンモールドメーカーで型どりする。

▶スライストマトを作る

5. トマトの粘土にPA（チェリーレッド）を混ぜる。
6. 混ぜたところ。透明粘土すけるくんは乾くと色が数段濃くなるので、少し薄めでOK。

7. 型に詰め、乾いたら取り出す。
8. 種の粘土を1:1で混ぜ、細長くのばし、細かくカットする。
9. 星の雫にPA（2色）を混ぜ、薄グリーンにする。
10. 着色した星の雫をトマトのくぼみに入れる。

11. 種をくぼみに入れる。種は断面が上になるように入れるとよい。
12. UV-LEDライトを照射し、レジンを固める。
13. 固まったら、できあがり。

Food catalog File04
フルーツ

みずみずしくて、おいしいフルーツ。本書では主にデザートのトッピングとして使っています。
ミニチュアサイズで紹介していますが、単体パーツでアクセサリーに仕立てる場合は、大きく作りましょう。

イチゴ

材料
イチゴ——モデナF、モデナソフトE、PA（チェリーレッド）
イチゴ着色料①——PA（レッド、チェリーレッド）
イチゴ着色料②——PA（ホワイト）
種着色料——PA（バーントアンバー、イエローオーカー）

1 粘土をカラースケールの配合で用意する。

2 PA（チェリーレッド）を混ぜ、薄ピンク色にする。

3 カラースケールA～Bの間くらいの分量をとり、イチゴの形に整えて楊枝を刺す。

4 0.5mm針で種のくぼみをつけ、種の着色料を混ぜ、筆でくぼみに色をつける。

5 濡らした綿棒で表面についた絵の具を拭き取る。

6 イチゴの着色料①を混ぜ、濃い赤を作ってスポンジで塗る。先端が濃くなるように何段階かに分けて塗る。

▶半割りイチゴ

7 絵の具が乾いたら楊枝を抜いて半割りにし、両面テープの上に置く。

8 楊枝の穴のところを6と同様の色で塗る。

9 断面の周りを6と同様の色で塗り、写真のように着色料②で柄を描く。

10 できあがり。

イチジク

材料
型——型の材料（p.22）
イチジク——モデナ、PA（イエローオーカー）
着色料——PA（チェリーレッド、プラム、チョコレート）
ツヤ——マニキュア（透明）

▶型を作る

1 基本のテクニック（p.24）を参考にパテで原型を作る。中心に円形のくぼみを作る。

2 くぼみの周囲に細かなスジをつける。

3 パテを小さく丸め、くぼみの中に詰める。さらにくぼみの縁を細かくつついてなじませる。

4 原型をシリコーンモールドメーカーで型どりする。

▶イチジクを作る

5 モデナにPA（イエローオーカー）を混ぜ、薄クリーム色にする。

6 型に詰め、乾いたら取り出す。

7 着色料の3色を混ぜ、縁を残して塗る。

8 中心をやや濃いめに塗る。

9 絵の具が乾いたら、マニキュアを塗ってツヤを出す。

51

フルーツ

キウイ

材料
型——型の材料（p.22）
キウイ——透明粘土すけるくん、PA（イエローグリーン、ミドルグリーン、ブラック）
キウイの芯——モデナ
種着色料——PA（ブラック）
ツヤ——マニキュア（透明）

▶型を作る

1 基本のテクニック（p.24）を参考にパテで原型を作る。中心に穴をあける。

2 放射状に細かくスジを入れる。

3 原型をシリコーンモールドメーカーで型どりする。

▶キウイを作る

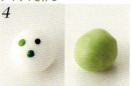
4 キウイの粘土にPA（3色）を混ぜる。透明粘土すけるくんは乾くと色が数段濃くなるので、少し薄めでOK。

5 型に詰め、乾いたら取り出す。

6 キウイの芯の粘土を中央の穴に詰める。

7 0.5mm針の先にPA（ブラック）を取り、種を描く。

8 絵の具が乾いたら、マニキュアを塗ってツヤを出す。

バナナ

材料
型——型の材料（p.22）
バナナ——モデナF、モデナソフトE、PA（イエロー）
種着色料——PA（バーントアンバー）

▶型を作る

1 基本のテクニック（p.24）を参考にパテで原型を作る。

2 原型をシリコーンモールドメーカーで型どりする。

▶バナナを作る

3 粘土をカラースケールの配合で用意し、PA（イエロー）を混ぜて薄クリーム色にする。

4 型に詰め、乾いたら取り出す。

5 0.5mm針の先にPA（バーントアンバー）を取り、3つの穴に色をのせ、種を描く。

6 濡らした綿棒でなじませる。

グレープフルーツ、ピンクグレープフルーツ

材料
型─型の材料 (p.22)
グレープフルーツ…透明粘土すけるくん、PA (イエロー)
ピンクグレープフルーツ─透明粘土すけるくん、PA (レッド)
ツヤ─マニキュア (透明)

▶型を作る

1

基本のテクニック(p.24)を参考にバテで原型を作る。細かく粒々感を出す。

Point! くし形切りになるように斜めに整える。

2

原型をシリコーンモールドメーカーで型どりする。

▶グレープフルーツを作る

3

粘土をそれぞれ着色する。透明粘土すけるくんは乾くと色が数段濃くなるので、少し薄めでOK。

4

型に詰め、乾いたら取り出す。

5

マニキュアを塗ってツヤを出す。

ミカン

材料
型─型の材料 (p.22)
ミカン─透明粘土すけるくん、PA (オレンジ)
ツヤ─マニキュア (透明)

▶型を作る

1

基本のテクニック(p.24)を参考にバテで原型を作る。グレープフルーツ(上)と同様にくし形切りの形にし、つぶつぶ感を出す。

2

原型をシリコーンモールドメーカーで型どりする。

▶ミカンを作る

3

粘土を着色する。透明粘土すけるくんは乾くと色が数段濃くなるので、少し薄めでOK。

4

型に詰め、乾いたら取り出す。

5

マニキュアを塗ってツヤを出す。

ブルーベリー

材料
ブルーベリー─モデナカラー (レッド、ブルー)
着色料─PA (ホワイト)

1

ブルーベリーの粘土を用意し、レッドとブルーを同量ずつ混ぜる。

2

混ぜたところ。

3
1mm大に丸め、楊枝などで1カ所くぼみを作る。

4

穴の縁を0.5mm針でくぼみの内側から外側へ起こすようにする。1周5カ所程度起こす。

5

いくつか作る。スポンジに着色料を取り、薄くブルーベリーにつける。

パン

素朴でかわいらしいパンがたくさんそろいました。
いくつか作って小さなかごやトレイに盛りつけるだけでも素敵です。
食パンやロールパンは具材をあしらって、お惣菜パンに変身させましょう。

バタートースト

材料
食パン——p.24
バター——モデナE、モデナソフトD、PA（イエロー、オレンジ）
溶けバター——UV-LEDレジン星の雫、宝石の雫（イエロー）
※UV-LEDレジンを使用するので、UV-LEDライトがあると便利。

1 バターの粘土をカラースケールの配合で用意し、PA（2色）を混ぜる。

2 丸めたら、3～4mmの厚さにのばし、乾かす。

3 好きなサイズにカットする。溶けた感じにする場合は角を落とす。

4 食パンにバターを木工用ボンドでつけ、宝石の雫（イエロー）で着色したレジンを垂らす。

5 UV-LEDライトで硬化させる。

6 レジンが固まったらできあがり。

ジャムトースト

材料
食パン——p.24
ジャム——UV-LEDレジン星の雫、宝石の雫（レッド）、模型用砂
※UV-LEDレジンを使用するので、UV-LEDライトがあると便利。

1 レジンに宝石の雫（レッド）を混ぜて赤くし、さらに模型用砂を混ぜる。

2 食パンの上にのばし、UV-LEDライトで硬化させる。※パンの表面の焼き色は好みでつける。

3 レジンが固まったらできあがり。

のっけパン

※代表的な作り方を紹介していますので、参考にして好きなパーツを組み合わせて作ってください。

カボチャ＆ベーコン
カボチャ（p.49）とベーコン（p.39）を交互に木工用ボンドで貼る。焼き色（p.26）をところどころにつける。

ピザ
絵の具でトマトソースの色を塗り、モデナペーストにPA（イエロー、レッド）を混ぜ、チーズに見立てて塗る。ベーコン（p.39）、ピーマン（p.48）をのせ、表面が乾いたら焼き色（p.26）をつける。

生クリーム＆イチゴ
ホイップクリーム（p.62）を食パンに絞る。半割りのイチゴ（p.51）を並べる。

イチジク＆ブルーベリー
ホイップ粘土（またはモデナソフトを水で少し溶いたもの）を塗り、パンに合うようカットしたイチジク（p.51）とブルーベリー（p.53）をのせる。

\実物大！/

\実物大！/

\実物大！/

\実物大！/

パン

パン生地

材料
パン生地─モデナG、モデナソフトG、モデナカラー（イエローオーカーB）

1

粘土をカラースケールの配合で用意する。

2

3つの粘土を混ぜる。

3

薄クリーム色にする。パン生地のできあがり。

バターロール

材料
パン─パン生地（上）
焼き色①─PA（イエローオーカー）
焼き色②─PA（イエローオーカー、チョコ、バーントアンバー）
ツヤ─マニキュア（透明）

1
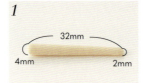
パンの粘土をカラースケールEに取り、写真のように細長くのばす。

2

平たくのばす。

3

幅の広いほうから巻く。

4

指先で整えて、丸みを出す。

5

焼き色①で全体に焼き色をつける。

6

焼き色②の3色を混ぜ、重ねてつける。

7

絵の具が乾いたら、マニキュアを塗ってツヤを出す。

▶ロールパンサンドにする場合

焼き色をつけたら、切り込みを入れて楊枝を挟んで固める。粘土が半乾きの状態で行う。切り込みを入れる位置は上とサイド、2パターンあるのでお好みで。

ハムサンド
キュウリ（p.46）と生ハム（p.39）を巻いたものを挟む。

ベーコンエッグサンド
レタス（p.45）とベーコン（p.39）、ゆで卵（p.42）を挟む。

フルーツサンド
ホイップクリーム（p.62）を絞り、イチゴ（p.51）とブルーベリー（p.53）をのせる。

ウインナーサンド
レタス（p.45）とソーセージ（p.38）を挟む。

ハンバーグサンド
レタス（p.45）とハンバーグパテ（p.43）、チーズ（p.43）、スライストマト（p.49）を挟む。

＼実物大！／

顔のパーツ 目はチーズ（p.43）にデコソース（チョコ）をつけたもの。鼻はハム（p.39）や豆（p.34）などでつける。

すまいるパン

材料
パン――パン生地（p.56）
焼き色①――PA（イエローオーカー）
焼き色②――PA（イエローオーカー、チョコ、バーントアンバー）
目、口――モデナカラー（ブラウン）
ツヤ――マニキュア（透明）

1 パンの粘土を好きなサイズで、丸めて軽く押さえる。

2 調色スティック（ニードル）で目と口の部分をへこませる。

3 焼き色①で全体に焼き色をつける。

4 焼き色②の3色を混ぜ、を重ねてつける。

5 目は2mm大に丸め、口は2mmの太さの棒状に伸ばし、木工用ボンドでつける。

6 マニキュアを塗ってツヤを出す。

ぼうしパン

材料
パン――パン生地（p.56）
焼き色①――PA（イエローオーカー）
焼き色②――PA（イエローオーカー、チョコ、バーントアンバー）
ツヤ――マニキュア（透明）

1 パンの粘土をカラースケール Eに取って丸め、軽く押さえる。

2 カラースケールDをかぶせ、上から押さえる。

3 カラースケールを外す。はみ出した粘土が帽子のつばになる。

4 焼き色①で全体に焼き色をつける。

5 焼き色②の3色を混ぜ、を帽子の上と縁につける。

6 絵の具が乾いたら、マニキュアを塗ってツヤを出す。

クリームパン

材料
パン――パン生地（p.56）
焼き色――PA（イエローオーカー、チョコレート、バーントアンバー）
ツヤ――マニキュア（透明）

1 パンの粘土をカラースケール Eに取って丸め、半円状に整える。

2 粘土ベラで3～4カ所へこみをつける。

3 焼き色の3色を混ぜ、全体にスポンジでつける。

4 さらに濃くした焼き色を重ねてつける。

5 絵の具が乾いたら、マニキュアを塗ってツヤを出す。

パン

チョココロネ

材料
- パン——パン生地（p.56）
- チョコレート——モデナカラー（ブラウン）
- 焼き色——PA（イエローオーカー、チョコレート、バーントアンバー）
- 顔——PA（ホワイト）
- ツヤ——マニキュア（透明）

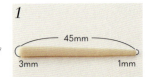

1 パンの粘土をカラースケール E に取って丸め、写真のように45mmほどの長さにのばす。

2 楊枝の先に細いほうから巻きつける。乾かす。

3 焼き色の3色を混ぜ、濃いめにしてスポンジでつける。

4 楊枝を外し、穴に接着剤をつけ、チョコレートの粘土を丸めて詰める。

5 調色スティックに顔用のPA（ホワイト）を取り、顔を描く。

6 絵の具が乾いたら、マニキュアを塗ってツヤを出す。

クルミパン

材料
- パン——パン生地（p.56）
- クルミ——コルクを細かくちぎったもの
- 焼き色——PA（イエローオーカー、チョコ、バーントアンバー）
- ツヤ——マニキュア（透明）

1 パンの粘土にクルミに見立てたコルクを混ぜ、好きなサイズで丸める。

2 丸めた粘土の周囲に粘土ベラで切り込みを5カ所入れる。

3 切り込みを均等に入れたところ。

4 焼き色の3色を混ぜ、全体にスポンジでつける。

5 さらに濃くした焼き色を重ねてつける。

6 絵の具が乾いたら、マニキュアを塗ってツヤを出す。

メロンパン

材料
- パン——パン生地（p.56）
- 焼き色——PA（イエローオーカー）
- シュガー——ガラスパウダー
- その他——木工用ボンド

1 パンの粘土を好きなサイズで丸める。

2 粘土ベラで線を格子状に縦横4本ずつ入れる。

3 0.5mm針で線をつつき、溝を深くする。

4 焼き色のPA（イエローオーカー）を細筆に取り、溝のみに色をつける。

5 木工用ボンドを水に溶き、溝以外の部分に塗る。

6 ガラスパウダーをまぶす。

バンズ

材料
型―型の材料（p.22）
パン―パン生地（p.56）
焼き色―PA（イエローオーカー、チョコ、バーントアンバー）
ツヤ―マニキュア（透明）

▶型を作る

1 基本のテクニック（p.24）を参考にパテでバンズの上側の原型を作る。

Point! 周囲に線を入れるとリアル感がアップ。

2 もう1枚の塩ビ板を重ね、同じ大きさになるようにパテ（バンズ下側）をのせる。

3 ときどき上側に重ね、サイズを確認しながら下側の原型を作る。

4 原型をシリコーンモールドメーカーでそれぞれ型どりする。上下のバンズの型ができたところ。

▶バンズを作る

5 それぞれの型にパンの粘土を詰め、裏を歯ブラシで叩き、バンズの質感を出す。縁が少しはみ出すくらいがよい。

6 乾いたら取り出す（写真は表裏を見せているので2個分）。

7 焼き色の3色を混ぜ、バンズにスポンジでつける。

8 絵の具が乾いたら、マニキュアを塗ってツヤを出す。

ハンバーガーのトッピング例

バンズの下側にレタス（p.45）、チーズ（p.43）、レタス、ハンバーグパテ（p.43）、レタス、スライストマト（p.49）、バンズ上側を順に多用途接着剤でつける。

＼実物大！／

ジャムやソース、クリームについて

モデナペースト
とろりとしたソースに向く。絵の具で色をつけて使う。モデナを水で溶いて代用も可能。

デコソースR、デコクリームソース
とろりとした粘度があるので、のっけパンなどのデコレーションに便利。

UV-LEDレジン 星の雫
透明感のあるソースを作るのに向く。

クリーミィホイップ
絞り口を使ってデコレーションのできるクリーム状の粘土。マットな質感が特徴。

59

Food catalog File06
スイーツ

ここでは、ドーナツやアイス、パンケーキの作り方を紹介しています。
どれもソースやフルーツのトッピングが楽しいパーツです。
顔をつけたどうぶつアイスやすまいるパンケーキのアレンジもチェックして。

🍩 ドーナツ

材料
ドーナツ生地……モデナG、モデナソフトG、モデナカラー（イエローオーカーB）
焼き色……PA（イエローオーカー、チョコ、バーントアンバー）

1

ドーナツ生地の粘土を混ぜ、カラースケールE〜Gに取り、丸める。

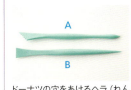
ドーナツの穴をあけるヘラ（ねんどベラ）［パジコ］。

2

粘土を丸め、軽く平らにし、粘土ベラAで中心に穴をあける。

3

反対側から粘土ベラBを刺し直し、手の上で転がして穴を広げる。

4

もう一度粘土ベラAで穴を押さえ、整える。乾かす。

5

焼き色の3色を混ぜ、スポンジで焼き色をつける。

6

穴の内側は筆で焼き色をつける。

🎀 トッピング

木工用ボンドを塗ってガラスパウダーをつける。

スライスアーモンドは、ドーナツ生地にモデナカラー（イエローオーカー）を少し足して棒状に固め、切ったもの。

クランチは模型用砂。

チョコスプレーは好みの色に着色したモデナを細長くのばして固めたもの。

クリームやソースはデコソースRやデコクリームソースを使う。木工用ボンドやモデナペーストを絵の具で着色して代用してもよい。

スライスアーモンドやチョコスプレー。余った粘土で作っておくとよい。

memo

ドーナツのサイズは、左からカラースケールE（ピアス）、F（キーチャーム）、G（ヘアピン）でとったもの。

🍨 アイスクリーム ▶イチゴアイス

材料
イチゴアイス……モデナI、モデナソフト、モデナカラー（イエローA、レッドC）
バニラアイス……モデナI、モデナソフトI、モデナカラー（イエローオーカーB）
バニラビーンズ……模型用砂（黒）
チョコアイス……モデナI、モデナソフト、モデナカラー（ブラウンI）

1

イチゴアイスの粘土をカラースケールの配合で混ぜ、丸める。

2

何度かちぎってまとめるのをくり返し、水分を少し飛ばしてボソボソとさせる。

3

カラースケール（好きなサイズ）に詰める。ただし、表面のボソボソを保つようギュッと詰めないこと。

4

すぐカラースケールから取り出す。

5

アイスの縁を調色スティックなどで突くようにして、質感を作る。

6

乾かす。

スイーツ

▶バニラアイス

1

バニラアイスの粘土をカラースケールの配合で混ぜ、丸める。

2

バニラビーンズに見立てた模型用砂を混ぜ込む。

3

何度かちぎってまとめるのをくり返し、水分を少し飛ばしてボソボソとさせる。

4

イチゴアイス3〜6と同様に作る。

▶マーブルアイス

1

チョコアイスの粘土をカラースケールの配合で混ぜ、丸める。

2

チョコアイスとバニラアイスを同じ分量用意する。それぞれ水分を少し飛ばしておく。

3

2色の粘土を混ぜてマーブルにする。犬の顔にするときはブチ模様を意識して混ぜる。好みのマーブル模様を表面にして丸め、カラースケールに詰める。

4

イチゴアイス3〜6と同様に作る。

どうぶつアイス

- イチゴアイス、バニラアイス、チョコアイス、マーブルアイスをベースに動物の顔を粘土で作る。
- 黒目、鼻、口はモデナカラー（ブラウン）で作る。
- 白目やマズルはバニラビーンズを混ぜないバニラアイスの粘土で作る。
- 耳はモデナカラー（ブラウン）またはバニラビーンズを混ぜないバニラアイスの粘土で作る。

実物大！

クマ

白クマ

コアラ

犬

ブタ

ネコ

パンダ

ウサギ

ホイップクリーム

材料
クリーム—クリーミィホイップ
※道具にシリンジ（注射器）を使う。

1

化粧品詰め替え用のシリンジを用意する。

2

クリーミィホイップをシリンジに詰める。

3

牛乳パックの作業台の上で絞る。乾いたらできあがり。

arrange オリジナル口金

ラップのカット刃を6山分丸め、ペンチで刃を整える。

シリンジの口にセットし、外れないように瞬間接着剤で固定する。

クリーミィホイップを詰めて絞る。

パンケーキ

材料
型──型の材料（p.22）
ケーキ生地──モデナG、モデナソフトG、モデナカラー（イエローA、イエローオーカーB）
焼き色──PA（イエローオーカー、チョコ、バーントアンバー）

▶型を作る

1 基本のテクニック（p.24）を参考にパテでパンケーキの原型を作る。

Point! 側面に気泡の跡を作るとリアル感がアップ。

2 原型をシリコーンモールドメーカーで型どりする。

▶パンケーキを作る

3 ケーキ生地の粘土をカラースケールの配合で用意する。

4 粘土をよく混ぜ合わせ、丸める。

5 型に詰め、乾いたら取り出す。

6 焼き色の3色を混ぜ、表面にスポンジでつける。

7 表面が乾いたら、裏面も同様に焼き色をつける。

▶Variation 顔つきのパンケーキ

転写シールで顔を作り（p.42）、頬はデコソースでつける。マニキュアでツヤを出す。

▶バターつきのパンケーキ

バタートースト（p.55）と同様にバターをのせ、メイプルシロップ（溶けバターと同様）を四方に垂らすようにつける。

パンケーキのトッピング例

柑橘フルーツ
ホイップクリーム（p.62）を木工用ボンドでつけ、ミカン（p.53）やグレープフルーツ（p.53）、ミントの葉（p.45）を多用途接着剤でつける。デコソースR（マンゴー）をかける。

＼実物大！／

イチゴ
ホイップクリーム（p.62）を木工用ボンドでつけ、イチゴ（p.51）やブルーベリー（p.53）を多用途接着剤でつける。デコソースR（イチゴ）をかける。

＼実物大！／

バナナ
ホイップクリーム（p.62）を木工用ボンドでつけ、バナナ（p.52）とミントの葉（p.45）を多用途接着剤でつける。デコクリームソース（チョコ）をかける。

＼実物大！／

寿司

世界からも注目の和のモチーフ、寿司をミニチュアサイズで作りましょう。
人気のネタを集めてみました。
ハランやガリを添えてアクセサリーに仕立てます。

シャリ（寿司飯）

材料
シャリ──基本のおむすび（p.33）
ネタ──好きなネタ
わさび──p.65（お好みで）

1 基本のおむすびと同様に作り、カラースケール**A**に取り、丸める。
Point! 単品で大きめのアクセサリーにする場合は**B**で取り分ける。

2 俵形に整える。

3 わさびをつけ、木工用ボンドを塗ったネタをのせる。

わさび

材料
わさび──モデナ**E**、モデナソフト**D**、モデナカラー（グリーン**A**、イエロー**C**）
その他──木工用ボンド
※道具におろし金を使用。

1 粘土をカラースケールの配合で用意し、混ぜる。

2 混ぜたら、棒状にして乾かす。

3 おろし金でおろす。

4 木工用ボンドを作業台に出し、おろした粉状の粘土と混ぜてまとめる。

5 寿司に添えるわさびのできあがり。

▶にぎりにつける

シャリにつける場合は、*4*で木工用ボンドと混ぜたら乾く前にのせる。

マグロ

材料
型──型の材料（p.22）
マグロ──透明粘土すけるくん、PA（チェリーレッド、レッド、ブラック）
脂──モデナペースト、PA（ホワイト）

▶型を作る

1 基本のテクニック（p.24）を参考にパテで原型を作る。

2 原型をシリコーンモールドメーカーで型どりする。

▶マグロを作る

3 透明粘土すけるくんに着色料を混ぜる。

4 混ぜたところ。透明粘土すけるくんは乾くと色が数段濃くなるので、少し薄めでOK。

5 型に詰め、乾かす。

6 取り出したところ。粘土を混ぜた段階より色が濃くなり、透明感が出る。

7 モデナペーストにPA（ホワイト）を混ぜ、マグロのくぼみに筆で塗る。

8 濡らした綿棒で余分なモデナペーストを拭き取る。

9 できあがり。

65

寿司

サーモン

材料
型──型の材料 (p.22)
サーモン──透明粘土すけるくん、PA (チェリーレッド、イエロー)
脂──モデナペースト、PA (ホワイト)

▶型を作る

1 基本のテクニック (p.24) を参考にパテで原型を作る。

2 原型をシリコーンモールドメーカーで型どりする。

▶サーモンを作る

3 透明粘土すけるくんに着色料を混ぜる。

4 混ぜたところ。透明粘土すけるくんは乾くと色が数段濃くなるので、少し薄めでOK。

5 型に詰め、乾かす。

6 取り出したところ。粘土を混ぜた段階より色が濃くなり、透明感が出る。

7 モデナペーストにPA (ホワイト) を混ぜ、サーモンのくぼみに筆で塗る。

8 濡らした綿棒で余分なモデナペーストを拭き取る。

9 できあがり。

ホタテ

材料
型──型の材料 (p.22)
ホタテa──モデナ、PA (オレンジ、イエローオーカー)
ホタテb──モデナ、PA (ホワイト)
ツヤ──マニキュア (透明)
その他──木工用ボンド

▶型を作る

1 基本のテクニック (p.24) を参考にパテで原型を作る。**Point!** ホタテらしさを出すために、縁側に境い目を入れる。

2 原型をシリコーンモールドメーカーで型どりする。

▶ホタテを作る

3 ホタテa、bの粘土をそれぞれ用意し、混ぜる。

※aとbの違いをわかりやすくするため、色を濃く変えています。

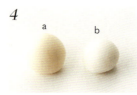
4 混ぜたところ。

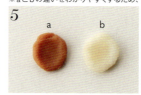
5 ホタテa、bをそれぞれ型に詰め、取り出す。

6 型についているラインでカットする。aの大きいパーツにbの小さいパーツをつける。

7 木工用ボンドでつけたところ。実際は写真右のようになる。

8 マニキュアを塗ってツヤを出す。

▶*Variation* 顔をつける

2個作って重ねたもの。顔は転写シールで作り (p.42)、頬はイクラ (p.67) を多用途接着剤でつける。

イカ

材料
型——型の材料（p.22）
イカ——モデナ
ツヤ——マニキュア（透明）

▶型を作る

1 基本のテクニック（p.24）を参考にパテで原型を作る。

2 原型をシリコーンモールドメーカーで型どりする。

▶イカを作る

3 モデナを型に詰め、乾いたら取り出す。

4 マニキュアを塗ってツヤを出す。

＼実物大！／

タコ

材料
型——型の材料（p.22）
タコ——モデナ、PA（ホワイト）
着色料——PA（プラム、チェリーレッド、チョコレート）
ツヤ——マニキュア（透明）

▶型を作る

1 基本のテクニック（p.24）を参考にパテで原型を作る。写真のように整え、厚みのある側に吸盤を作る。

2 吸盤を整え、境目にも筋を点でつける。

3 原型をシリコーンモールドメーカーで型どりする。

▶タコを作る

4 モデナにPA（ホワイト）を混ぜ、マットな白にして型に詰め、乾いたら取り出す。

5 着色料の3色を混ぜ、吸盤部分に色をつける。

6 乾いたら、マニキュアを塗ってツヤを出す。

イクラ軍艦巻き

材料
イクラ——ガラスビーズ、宝石の雫（レッド、イエロー）
シャリ——p.65
海苔——p.34

1 ガラスビーズを調色パレットなどの容器に入れ、宝石の雫（レッド、イエロー）を加える。

2 楊枝で混ぜ、ガラスビーズを着色する。

3 牛乳パックの上に広げ、乾かす。

4 シャリを用意し、俵形に整える。

5 シャリの高さより1mm大きいサイズで海苔を用意し、木工用ボンドをつけてシャリに巻く。

6 ガラスビーズを多用途接着剤でつけながら、シャリにのせる。

67

寿司

エビ

材料
型──型の材料（p.22）
エビ──モデナ、PA（ホワイト）
着色料──PA（オレンジ、レッド）
ツヤ──マニキュア（透明）

▶型を作る

1 基本のテクニック（p.24）を参考にパテで原型を作る。デザインナイフでエビの形に大まかにカットする。

2 中心にスジをつけ、しっぽをへこます。

3 エビの形に成形したところ。

4 原型をシリコーンモールドメーカーで型どりする。

▶エビを作る

5 モデナにPA（ホワイト）を混ぜ、マットな白にして型に詰め、乾いたら取り出す。

6 着色料を混ぜ、濃いオレンジを作る。

7 横の溝としっぽをオレンジに塗る。

8 マニキュアを塗ってツヤを出す。

＼実物大！／

アナゴ

材料
型──型の材料（p.22）
アナゴ──モデナ、PA（ホワイト、イエローオーカー、オレンジ）
焼き色──PA（バーントアンバー、チョコレート）
たれ──デコソースR（チョコ）

▶型を作る

1 基本のテクニック（p.24）を参考にパテで原型を作る。細かなスジをつけるとよい。

2 原型をシリコーンモールドメーカーで型どりする。

▶アナゴを作る

3 モデナに3色を混ぜ、クリーム色にする。

4 型に詰め、乾いたら取り出す。

5 焼き色の2色を混ぜ、表面にスポンジで焼き色をつける。

6 縁や角のある部分を筆で焼き色を強調する。*Point!* べったりと塗らず、筆先で軽くつけること。

7 たれをつける。

ハラン（切り笹）

材料
ハラン──人造ハラン

1 人造ハランを用意する。

2 デザインナイフでミニチュアサイズに切り出す。

3 切り出したところ。

卵焼き

材料
型──型の材料（p.22）
卵──モデナ G、モデナソフト G、モデナカラー（イエロー G、レッド A）
焼き色──p.26

▶型を作る

1 基本のテクニック（p.24）を参考にパテで原型を作る。

2 原型をシリコーンモールドメーカーで型どりする。

▶卵焼きを作る

3 卵の粘土をカラースケールの配合で用意し、混ぜる。

4 型に詰め、乾いたら取り出す。

5 側面に焼き色をスポンジでつける。

6 卵焼きのできあがり。

▶にぎりにする

7 シャリ（p.65）を用意し、木工用ボンドで卵焼きと海苔（p.34）をつける。

ガリ

材料
ガリ──モデナ F、モデナカラー（イエロー A、レッド A）

1 ガリの粘土をカラースケールの配合で用意し、混ぜる。

2 3mm大に丸め、プレッソシートで挟んで薄くのばす。

3 調色スティックでひだを寄せる。まず半分に折り、半円の中心を押さえる。

4 両側にひだを作るように、ふくらみをつぶさないよう押さえる。

5 2～4をくり返し、3～4個作る。

6 根元をくっつけてまとめる。粘土がやわらかいうちに手早く作業する。

ハラン

材料
型──型の材料（p.22）
葉──モデナカラー（グリーン）
ツヤ──マニキュア（透明）

▶型を作る

1 基本のテクニック（p.24）を参考にパテで原型を作る。

2 原型をシリコーンモールドメーカーで型どりする。

▶ハランを作る

3 モデナカラー（グリーン）を型に詰める。

4 乾いたら、取り出す。

5 マニキュアを塗ってツヤを出す。

すまいる*工房ぴんさんに聞く
ミニチュアフードQ&A

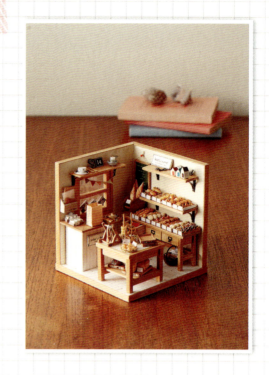

Q 型で作るパーツを粘土だけで作ってもいいですか？

A 本で紹介している作り方には、粘土だけで作るパーツ、シリコーン製の型を作って粘土で型どりするパーツの主に二通りがあります。
どちらも成形するときのポイントは同じなので、「まずは1つだけ作ってみよう」という場合、粘土だけで作ることも可能です。気に入った形が作れたら、型にして量産できるようにしてもいいですね。
ただ、ミニチュアサイズの場合は型があったほうが作りやすいと思います。

Q リアルに見えるコツはありますか？

A リアルに近づけるコツは「本物を観察すること」です。私も本物のお料理や食材の写真を見ながら、色や形、質感などをよく観察します。
「イチゴの種ってらせん状に並んでいるな」、「お店のアジフライは背開きが多いな」など自分の気づいたことを作品にも反映させています。ちっちゃな世界で本物を再現するつもりで、対象物を観察してみてください。

Q 小物はどうやって作っているのですか？

A カッティングボードや寿司の盛り板などはひのき棒と呼ばれる板材を使って作ります。食器は、塩ビ板などの樹脂板を熱して曲げる加工法（ヒートプレス）で作りますが、市販されているミニチュア食器を使うこともあります。厚みのあるお皿なら粘土で作ってもいいと思います。

ミニチュアフード作りを楽しめる
パジコのシリーズ
Padico

粘土

モデナ
250g ¥1,080（税込）

モデナソフト
150g ¥1,080（税込）

モデナペースト
250g ¥1,296（税込）

クリーミィホイップ
120g ¥864（税込）

モデナカラー 全7色。各60g 各¥302（税込）

型どり材

シリコーン シリコーンモールドメーカー
A材、B材各100g ¥2,160（税込）

着色料

プロスアクリックス
11色セット ¥3,888（税込）
単品（全13色） ¥324（税込）

レジン

UV-LEDレジン
星の雫
［ハードタイプ］
25g
¥1,620（税込）

レジン用着色料
宝石の雫
各10ml
単品（全12色）
各¥518（税込）

UV-LEDスマートライト ミニ
対応波長：LED 405nm、
紫外線LED 365nm
¥2,700（税込）

ツール

カラースケール
付属：カラーチャート・
スティック
¥324（税込）

調色スティック
スプーン&ヘラ1本、
ニードル&ヘラ1本
¥410（税込）

○ **株式会社パジコ**
○ 〒150-0001 東京都渋谷区神宮前1-11-11
○ グリーンファンタジアビル607
○ TEL：03-6804-5171 FAX：03-6804-5172
○ ホームページ http://www.padico.co.jp

○ このページで紹介している商品、および本書22~23ページで紹介されている材料や道具のうち［パジコ］の表記があるものは、パジコホームページ内のオンラインショップで購入できます。

※商品情報は2018年3月時点のものです。

すまいる*工房 ぴん
ちいさなものづくり作家

京都生まれの京都育ち。洋服をオーダーメイドで作る仕事をする合間に、息抜きの趣味として2003年頃からミニチュアフード作りを独学で始め、仕事の傍ら2008年頃からイベントなどに出展。ミニチュアフード講師としても活動を始める。
2016年、第2回minneハンドメイド大賞にて、ミニチュアフードをピアスにしたBENTO-Pierce（弁当ピアス）で特別賞を受賞。
2017年、ムック『憧れの手芸作家＋minneの人気作家「つくる」のある暮らし』に掲載される。
受賞をきっかけに、ジャンルやサイズにこだわらず、ものづくりを楽しみたいと言う思いから、「ちいさなものづくり作家」として活動中。

https://www.instagram.com/smile_pindot/
http://miniature5pindot.blog16.fc2.com/

■ STAFF
デザイン＊釜内由紀江　五十嵐奈央子　石川幸彦（GRiD CO.,LTD）
写真＊松永直子
スタイリング＊伊藤みき（tricko）
編集＊村松千絵（Cre-Sea）

■ 撮影小物協力
UTUWA
AWABEES

■ 材料協力
アイボン産業有限会社
tel.03-5620-1620　fax03-5620-1621

株式会社パジコ
tel.03-6804-5171
http://www.padico.co.jp/

本書の内容に関するお問い合わせは、お手紙かメール（jitsuyou@kawade.co.jp）にて承ります。恐縮ですが、お電話でのお問い合わせはご遠慮くださいますようお願いいたします。

リアルなのにかわいい！
樹脂粘土で作るミニチュアフードのアクセサリー

2018年4月20日　初版印刷
2018年4月30日　初版発行

著者　　すまいる＊工房 ぴん
発行者　小野寺優
発行所　株式会社河出書房新社
　　　　〒151-0051　東京都渋谷区千駄ヶ谷2-32-2
　　　　電話　03-3404-8611（編集）　03-3404-1201（営業）
　　　　http://www.kawade.co.jp/
印刷・製本　三松堂株式会社

ISBN978-4-309-28676-1
Printed in Japan

落丁・乱丁本はお取り替えいたします。
本書のコピー、スキャン、デジタル化等の無断複製は著作権法上での例外を除き禁じられています。本書を代行業者等の第三者に依頼してスキャンやデジタル化することは、いかなる場合も著作権法違反となります。

本書に掲載されている作品及びそのデザインの無断利用は、個人的に楽しむ場合を除き、禁じられています。本書の全部または一部掲載作品の画像やその作り方図等）をホームページに掲載したり、店頭、ネットショップ等で配布、販売したりすることは、ご遠慮ください。